Dieses igloo-Buch gehört:

....

Inhalt

igloobooks

Deutsche Ausgabe 2015
Igloo Books Ltd
Cottage Farm
Sywell
NN6 0BJ

HUN001 1015
4 6 8 10 9 7 5 3
ISBN: 978-1-78440-632-5

Text von Melanie Hibbert

Aus dem Englischen von Gwendolin Engels für KARAKTER

Gedruckt und hergestellt in China

Gute-Nacht-Geschichten für Prinzessinnen

igloobooks

Phyllis und das Einhorn

Prinzessin Phyllis war sehr einsam. Sie lebte in einem großen Schloss, hatte aber niemanden zum Spielen. Eines Tages, als sie im Schlossgarten umherlief, fand sie ein glänzendes Goldarmband. „Wie hübsch“, sagte sie und zog es an.

Plötzlich sprangen Funken umher und es erschien ein schimmerndes Einhorn. Prinzessin Phyllis staunte. „Das muss ein Zauberarmband sein!”, rief sie. „Hallo“, sagte das Einhorn mit sanfter Stimme. „Ich heiße Glitzer. Steig auf, ich nehme dich mit!“

Glitzer kniete sich hin und Phyllis kletterte auf seinen Rücken. „Halt dich fest“, sagte das Einhorn, schlug mit seinen Flügeln und huuiii! sauste es hoch in den Himmel, bis das Schloss weit unter ihnen lag. „Wow!“, rief Phyllis. „Das ist ja fantastisch!“

Glitzer trug Phyllis hoch über die Wolken, bis sie zu einem funkelnden Zauberberg kamen. „Hier wohnen die Wolkenfeen“, sagte das Einhorn. Phyllis sah zwei niedliche kleine Feen, die lächelten und ihr zuwinkten.

Phyllis und Glitzer landeten auf dem Feenberg. „Hallo, hübsche Prinzessin“, sagten die kleinen Feen und flatterten mit ihren Flügeln. „Willst du mit uns spielen?“ „Oh ja, sehr gern!“, rief Phyllis, und so spielten sie gemeinsam Ball.

Es war sehr lustig, mit den Feen zu spielen, aber Prinzessin Phyllis wurde davon ziemlich hungrig. Da bereiteten die Feen ihr ein zauberhaftes Picknick, das durch die Luft herangeflogen kam. Alles war klein, aber sehr köstlich.

Viel zu früh wurde es für Phyllis Zeit, nach Hause zu gehen. Sie kletterte auf Glitzers Rücken und sie flogen davon. „Tschüs, Feen“, rief Phyllis und winkte. Die Feen lächelten und winkten zurück. “Komm bald wieder”, sagten sie.

Im Schlossgarten verabschiedete sich Phyllis von Glitzer. Sie war traurig, aber das Einhorn versprach wiederzukommen, wann immer sie das Zauberarmband trug. „Danke, Glitzer“, sagte Phyllis. „Jetzt werde ich nie wieder einsam sein.“

Picknick mit Haustieren

Prinzessin Petunia machte ein königliches Haustierpicknick. Sie hatte ihre Freundinnen eingeladen und sie gebeten, ihre Haustiere mitzubringen. „Das wird toll!“, sagte Petunia zu ihrem Kätzchen Klecks, während sie Luftballons in den Kirschbaum hängte.

Als Erste kam Prinzessin Serafina mit ihrem Einhorn Glimmer. „Hallo Petunia“, sagte Serafina. Sie plauderte fröhlich mit ihrer Freundin und bemerkte nicht, wie Glimmer am Tischtuch knabberte.

Prinzessin Tilly kam als nächstes, und ihre Limonade schmeckte ihr so gut, dass sie vergaß, ihr neues Hündchen Wuff im Auge zu behalten. Es jagte Klecks durch den Garten, sodass Prinzessin Sophias Papagei vor Schreck mit den Flügeln schlug und kreischte.

„Was für eine Katastrophe!", rief der König, als Prinzessin Scarlets Babydrache aus Versehen ein Blumenbeet in Brand setzte. „Unsinn", sagte die Königin. „Die Tiere sind nur hungrig." Sie läutete mit einer kleinen silbernen Glocke. Klingelingeling!

Die Schlosstüren öffneten sich und die königlichen Köche strömten aus der Küche. Jeder trug ein silbernes Tablett. Es gab Katzen- und Hundefutter, einen Teller mit Vogelkörnern und sogar ein paar Fliegen für eine kleine Haustierspinne.

Sofort hörten die Tiere auf, Unsinn zu machen und begannen zu fressen. „Jetzt können wir in Ruhe das Picknick genießen", sagte die Königin. Die Prinzessinnen jubelten. „Wie schön das ist", strahlte Petunia. „Lasst uns gleich morgen wieder ein Haustierpicknick machen!"

Die Meerjungfrauprinzessin

Prinzessin Blüte lebte in einem wunderschönen Schloss am Meer. Eines Tages langweilte sie sich ein bisschen, und so sammelte sie am Strand Steine und Muscheln, setzte sich in den Sand und spielte damit.

Da hörte sie plötzlich ein Platschen, blickte auf und sah eine Meerjungfrau auf einem Stein sitzen. „Hallo, ich heiße Koralle“, sagte sie. „Was für schöne Steine und Muscheln!“ Prinzessin Blüte staunte. Eine Meerjungfrau hatte sie noch nie zuvor gesehen.

„Ich wünschte, ich wäre eine Meerjungfrau“, sagte Blüte. „Kein Problem“, sagte Koralle. „Du brauchst nur meine Zauberkette anzuziehen.“ Das tat Blüte, und schon hatte sie anstelle ihrer Beine plötzlich eine Flosse! Mit einem großen Platsch tauchte sie in die Wellen.

Koralle zeigte Blüte ihre Unterwasserwelt. „Wow!“, sagte Blüte, als sie die vielen kleinen Fische entdeckte, die zwischen den Steinen hin- und herschwammen. Sie sah eine bunte Qualle und einen Tintenfisch mit langen, beweglichen Armen.

Koralles Freundinnen kamen herbeigeschwommen, und sie spielten Verstecken miteinander. Blüte fand es toll, mit ihrer Meerjungfrauenflosse durch die Wasserpflanzen zu streichen, und sie mochte ihre neuen Freundinnen, die Meerjungfrauen.

Als es Zeit für den Abschied wurde, gab Blüte Koralle die Zauberkette zurück und bedankte sich für den herrlichen Tag. Koralle lächelte und winkte mit ihrer Flosse. „Bis bald, kleine Meerjungfraufreundin!“, sagte sie und tauchte platschend ins Meer.

Das Regenbogenkleid

Prinzessin Pollys erster Ball stand kurz bevor, aber sie war gar nicht aufgeregt. Sie betrachtete das Kleid, das der königliche Schneider für sie gemacht hatte. Es gefiel Polly ganz und gar nicht. Es war sehr schlicht, und sie fühlte sich darin überhaupt nicht wie eine richtige Prinzessin.

„Ach, was soll's", seufzte Polly, während sie aus dem Fenster schaute. Da sah sie plötzlich einen riesigen bunten Regenbogen, der in den Schlossgarten hineinragte. „Darf ich rausgehen und das Ende suchen?", fragte sie. „Ja, aber mach dein Ballkleid nicht schmutzig", sagte die Königin.

Prinzessin Polly flitzte nach draußen und über den Rasen. Sie wollte das Ende des Regenbogens finden, bevor er verschwand. Uuups! Brauner Matsch spritzte auf ihr Kleid, als sie durch die königlichen Blumenbeete rannte.

Polly raste zwischen den Apfelbäumen hindurch, völlig außer Atem, aber dann blieb sie stehen. Dort war das Ende des Regenbogens! Und da saß eine Regenbogenfee, mit funkelnden Flügeln. „Hallo“, sagte die Fee. „Möchtest du dir etwas wünschen, kleine Prinzessin?”

Polly besah sich ihr Kleid, das voller Matsch war. „Ich wünschte, ich hätte ein herrliches, glitzerndes Ballkleid“, sagte sie. „Dieses hier sollte ich nicht schmutzig machen. Mama wird nicht gerade begeistert sein.“ Es machte PLING! und Polly trug ein glitzerndes Kleid. „Wow! Danke“, sagte sie zur Fee und rannte den ganzen Weg zurück zum Schloss.

„Was für ein schönes Kleid", sagte die Königin, als Polly im Königsschloss ankam. „Das hat mir die Regenbogenfee gezaubert", sagte Prinzessin Polly. „Jetzt werde ich beim großen königlichen Ball wunderschön aussehen!"

Der verlorene Schatz

Prinzessin Pia lebte in einem verfallenen Schloss, und ihre Kleider waren völlig zerlöchert. „Wenn wir nur Urgroßvaters Schatz finden könnten“, sagte die Königin zum König, „dann wären wir wieder reich.“ Sie wussten nicht, dass Prinzessin Pia hinter der Tür lauschte.

„Los, gehen wir den Schatz suchen“, flüsterte Pia ihrem Hündchen Plum zu. Als sie im höchsten Schlossturm suchten, stieß Plum ein altes Gemälde um. Wie durch Zauberhand öffnete sich die Wand und es erschien eine geheime Treppe.

Pia und Plum schlichen die Stufen tief hinab in einen dunklen Keller. Mitten im Raum stand eine alte hölzerne Truhe. Darin lagen eine goldene Münze, ein silberner Schlüssel und ein Stück Papier. „Das muss ein Hinweis sein!“, sagte Pia.

„Wähle den Tunnel zum Fisch aus Stein, damit dein Wunsch wahr wird, wirf die Münze hinein“, las Pia. Hinter der Truhe waren zwei Tunnel, einer links und einer rechts. „Wir nehmen den rechten“, sagte Pia.

Der Tunnel war dunkel und staubig, und Pia war froh, als sie das Ende sah. Pia und Plum kamen im Schlossgarten neben einem Brunnen heraus. Ein steinerner Fisch spuckte Wasser in ein muschelförmiges Becken.

Pia warf die Münze ins Wasser. „Ich wünsche mir, den geheimen Schatz zu finden“, sagte sie aufgeregt. Da blitzte es, und eine hübsche kleine Fee mit blauen Flügeln stieg aus dem Wasser empor. „Hast du den Schlüssel?“, fragte sie.

Pia zeigte ihr den silbernen Schlüssel. Die Fee glitt ins Wasser hinab und tauchte mit einem hölzernen Kästchen wieder auf. Pia steckte den Schlüssel ins Schloss und das Kästchen sprang auf. Es war voller Gold und funkelnder Edelsteine!

Pia und Plum rannten zurück ins Schloss. „Wir haben den verlorenen Schatz gefunden!“, rief Pia. Der König und die Königin trauten ihren Augen kaum, als sie Pia sahen. „Danke, Pia“, sagte ihr Vater und lachte glücklich. „Ich glaube, der wahre Schatz bist du!“

Das Nachtgespenst

Prinzessin Perle fand es toll, wenn ihre Freundinnen Jade, Saphira und Rubina bei ihr übernachteten. Besonders gerne erzählte sie ihnen dann Gruselgeschichten. „Hier im Schloss spukt nachts ein Gespenst, das klappert und klirrt", flüsterte Perle. Die anderen Prinzessinnen kreischten und kicherten. Sie mochten Gespenstergeschichten!

„Kommt, wir spielen Verstecken“, sagte Perle, als sie die Geschichte zu Ende erzählt hatte. Sie zählte bis zehn und die anderen versteckten sich. Perle sah Jades Füße unter der Gardine hervorragen. „Hab dich!“, lachte sie. „Los, wir suchen die anderen.“

Jade und Perle schlichen in den Gang hinaus. Sie suchten unter Tischen und hinter Kommoden, als plötzlich, „Hatschi!“, jemand nieste. Es war Saphira. „Haben dich!“, riefen Perle und Jade. Die drei schlichen weiter, auf der Suche nach Rubina.

Es war sehr still in dem langen Gang. Plötzlich klapperte und klirrte es. „Was war das?“, fragte Perle ängstlich. „Vielleicht ist es das Gespenst“, flüsterte Jade ebenso ängstlich. „Seht mal!“, rief Saphira. „Die Ritterrüstung bewegt sich!“

„Es IST das Gespenst!“, riefen alle drei Mädchen. Die Ritterrüstung fiel scheppernd zu Boden. Da sahen sie Rubina, die sich dahinter versteckt hatte. „Hoppla“, sagte sie. „Ich habe die Rüstung aus Versehen umgestoßen.“ Alle lachten und liefen zurück in Perles Zimmer.

Die Prinzessinnen waren sehr froh, dass es kein Gespenst gewesen war, aber trotzdem beschlossen sie, beim Mitternachtsimbiss das Licht anzulassen. „Ich finde, es war aufregend genug für eine Nacht", lachte Perle. Das fanden ihre Freundinnen auch.

Prinzessin Pippa und ihr Haustier

Prinzessin Pippa hatte den ganzen Tag mit ihrem Haustierdrachen Funkel gespielt. Er war besonders süß und wahnsinnig lustig. Wenn Pippa badete, sprang er mit in die Badewanne und planschte im Schaum herum.

„So, Funkel", sagte Pippa. „Es ist Zeit fürs Bett." Sie gab Funkel ein Schüsselchen warme Milch und deckte ihn in seinem Körbchen zu, aber Funkel wollte nicht schlafen. Er wollte spielen, schnaubte und stieß kleine Rauchwölkchen aus.

Pippa las Funkel eine Geschichte vor und sang ihm ein Schlaflied. Er schnaubte noch lauter und flog aufgeregt herum, stieß Bilder von den Wänden und brachte alles durcheinander. „Ach herrje“, sagte Prinzessin Pippa. Dann hatte sie eine Idee.

Die Prinzessin kletterte ins Bett und griff nach ihrem Teddybären. „Der liebe Teddy wird geknuddelt“, sagte sie. „Möchtest du auch geknuddelt werden, Funkel?“ Sofort schnaubte Funkel, flog ins Bett und kuschelte sich an Prinzessin Pippa.

Schon bald war Funkel fest eingeschlafen. Er schniefte und schnaufte und schnarchte. „Macht nichts“, lächelte Prinzessin Pippa. „Das machen kleine Drachen nun einmal.“ Sie setzte ihre extra drachenfesten Ohrenschützer auf und schmiegte sich ins Kissen. Jetzt würden alle gut schlafen können.